RAPPORT

SUR L'ÉDIFICE

DIT

DE SAINTE-GENEVIÈVE,

Fait au Directoire du Département de Paris,

Par M. QUATREMERE-QUINCY.

A PARIS,

DE L'IMPRIMERIE ROYALE.

M. DCC. XCI.

RAPPORT

FAIT AU DIRECTOIRE

DU

DÉPARTEMENT DE PARIS,

Sur l'édifice dit la Nouvelle Sainte-Geneviève, *& ſur les meſures propres à le mettre en état de remplir ſa deſtination nouvelle.*

L'Assemblée Nationale, par ſon Décret du 4 avril 1791, *charge le Directoire du département de Paris de mettre promptement l'édifice de Sainte-Geneviève*, conſacré à réunir les cendres des grands hommes, *en état de remplir ſa nouvelle deſtination.*

En exécution du Décret de l'Aſſemblée Nationale, le Directoire du département de Paris « conſidérant qu'il eſt néceſſaire » d'avoir ſous les yeux un état exact du bâtiment de Sainte-» Geneviève, de ſes travaux & des fonds ſur leſquels ils ſont » payés ; que de plus, il doit ſe procurer les plans indicatifs » des changemens & modifications que cet édifice aura à

» éprouver pour devenir, ſuivant ſa nouvelle deſtination, le » Panthéon des grands hommes qui auront bien mérité de la » France, a arrêté :

» Que les Commiſſaires de l'inſtruction publique prendront » ſans délai, relativement au nouvel édifice connu juſqu'à ce » jour ſous le nom de *Sainte-Geneviève*, tous les renſeignemens, » & ſe procureront tous les plans néceſſaires pour mettre » l'adminiſtration en état d'exécuter la Loi du 10 avril ».

En vertu de l'arrêté du Directoire, les Commiſſaires de l'inſtruction publique ont cherché à ſe procurer tous les genres de renſeignemens propres à inſtruire le Directoire ſur l'état paſſé & préſent de l'édifice de Sainte-Geneviève, & à le mettre à portée de prononcer & d'arrêter les meſures définitives ſur l'état futur du monument qu'il doit terminer.

Leur rapport ſe diviſera donc naturellement en trois parties, qui embraſſeront l'expoſé & la ſérie de tous les détails relatifs à l'exécution, à l'adminiſtration & à la dépenſe de ce monument célèbre, relativement à ſes trois époques.

L'état paſſé comprendra l'enſemble & le tableau hiſtorique du monument, l'ancienne adminiſtration du gouvernement, la régie des entrepreneurs, & la dépenſe générale qui a eu lieu.

L'état préſent contiendra l'expoſé des changemens ſurvenus ſous l'adminiſtration municipale, relativement à la direction des travaux, à l'emploi des fonds & à la geſtion proviſoire qui exiſte en ce moment.

L'état futur préſentera le développement de tous les travaux d'exécution néceſſaires à la confection matérielle de l'édifice, de tous les changemens indiſpenſables au caractère que doit exiger ſa deſtination nouvelle, de toutes les additions & ſuppreſſions que cette métamorphoſe néceſſitera, de toutes les meſures que le bon goût, l'analogie des idées, le respect dû à la mémoire de M. Soufflot peuvent concilier; de toutes les vues morales & politiques que l'intérêt du premier monument national, l'économie des deniers publics, le sentiment des convenances doivent chercher à réaliser pour l'entière & prompte jouissance du public. Cette partie du rapport contiendra de plus le projet des mesures administratives, capables d'assurer au public la plus grande perfection dans l'exécution de tous les travaux qui restent à faire, par la subordination des différens agens. Elle sera terminée par un aperçu des dépenses nécessaires pour terminer le monument & du temps précis auquel il pourra l'être.

PREMIÈRE PARTIE.

De l'état de l'édifice de Sainte-Geneviève, jusqu'à l'époque de l'administration municipale.

Description du monument.

Quand la description de l'édifice de Sainte-Geneviève ne se placeroit pas naturellement en tête d'un rapport qui doit embrasser l'universalité de tout ce qui concerne ce monument, elle devroit, d'après l'ordre que nous nous sommes prescrit, trouver ici sa place. Rendre compte de son état jusqu'à l'époque des changemens survenus dans son administration, c'est en faire la description presque entière.

L'édifice de Sainte-Geneviève est formé de quatre nefs, au centre desquelles s'élève une coupole. La face d'entrée est décorée d'un porche exastile, composé de vingt-deux colonnes, dont dix-huit sont isolées; leur ordre est corinthien, leur diamètre est de 5 pieds 6 pouces; la hauteur de leur fust est de 58 pieds 4 pouces; elles sont couronnées par un entablement dont la corniche est ornée de modillons, & la frise chargée d'un enroulement de sculpture interrompu, au-dessus de l'entrecolonnement du milieu, par une inſcription en lettres de cuivre doré, ſur une table de marbre portant :

D. O. M. SUB. INVOC. S. GENOVEFÆ. LUD. XV.

Le fronton offre un grand bas-relief, composé d'une croix rayonnante, adorée par des anges placés ſur des nuages.

On arrive ſous le porche par un grand perron composé de onze marches. Le pavé de ce porche, qui n'eſt pas encore poſé, doit être en granit, tiré des Vôges de Lorraine ; il eſt commandé depuis 1788. Trois portes donnent entrée dans l'édifice ; celle du milieu, plus haute & plus grande que les collatérales, eſt accompagnée de deux grandes tables avec chambranle & corniche, dans leſquelles devoient être gravés les Commandemens de Dieu & ceux de l'Égliſe. Au-deſſus de chacune des portes & des deux tables dont on vient de parler, ſont ſculptés cinq bas-reliefs. Celui du milieu, plus grand que les autres, repréſente Sainte-Geneviève diſtribuant du pain aux pauvres dans un temps de famine. Dans l'un des deux bas-reliefs qui accompagnent celui-ci, la ſainte eſt repréſentée rendant la vue à ſa mère aveugle, par la vertu de l'eau du puits de Nanterre ; & dans l'autre, on la voit recevant une médaille des mains de Saint Germain, évêque d'Auxerre. Des deux ſujets qui ſont ſculptés au-deſſus des deux portes collatérales, l'un eſt Saint Pierre recevant les clefs de J. C., l'autre eſt Saint Paul prêchant dans l'Aréopage. Ces deux ſujets n'ont été placés là que pour rappeler dans le nouveau temple la mémoire des deux patrons, qui partagent encore aujourd'hui avec Sainte Geneviève la dédicace de l'ancienne égliſe.

La nef d'entrée ſe compoſe de deux parties, dont la première comprend deux arcades de droite & de gauche, au-deſſus deſquelles ſont des tribunes avec des baluſtres en pierre. La voûte de cette partie eſt terminée par une coupole ovale, au centre de laquelle c'eſt un *Jehova* en cuivre doré avec des rayons & des nuages. Dans les pendentifs, ſont des enfans qui tiennent des inſtrumens de muſique. On ſent aſſez l'analogie de cette décoration avec le lieu où eſt placée la tribune deſtinée à recevoir l'orgue.

La ſeconde partie de la nef d'entrée eſt environnée de douze colonnes iſolées formant périſtyle, & de dix colonnes engagées le long des murs; elle ſont d'ordre corinthien, ont 3 pieds 6 pouces de diamètre, & 37 pieds 8 pouces de haut. L'entablement qui les couronne, & règne dans tout le pourtour de l'édifice, a toutes ſes moulures taillées d'ornemens, eſt orné de ſophites & d'une friſe en rinceau. Aux angles de la partie du milieu de la voûte ſont quatre tribunes en avant-corps avec des baluſtrades. Cette partie ſe termine par quatre grandes voûtes en berceau, au centre deſquelles eſt une voûte ſphérique, dont la calotte eſt ornée de caiſſons & de roſaſſes; ſon centre eſt occupé par les tables de la loi, gravées en caractères Hébraïques.

Rien n'eſt moins ſuſceptible de ſe peindre à l'eſprit, par le ſimple récit, que tous les détails de diſpoſition intérieure d'un édifice, ſur-tout quand il ſort des combinaiſons ſimples: un coup-d'œil jetté ſur le plan & la coupe de cet intérieur, en dira plus que toutes les deſcriptions. Nous terminerons donc celle-ci, en ajoutant que les trois autres nefs ne diffèrent de la nef d'entrée, qu'en ce que celle du fond ou de l'orient ſe prolonge par une grande niche ou cul de four, dans laquelle devoit être ſculptée une grande gloire avec des rayons, & que les deux nefs ou croiſées ne comprennent aucun ralongement, & ſont plus courtes de la partie décrite où devoit être l'orgue, & de celle où devoit être la gloire.

Ce qu'il importe le plus au Directoire de connoître, pour arrêter un plan d'idées & un ſyſtème d'exécution analogues à la nouvelle deſtination du monument, c'eſt le motif général de décoration intérieure ſur lequel la moitié de cet édifice a déjà été terminée.

L'intention de l'architecte dans la conception & le développement de ſa décoration, ſut d'élever une eſpèce de monument à la perpétuité de la religion chrétienne. Les quatre voûtes devoient être les annales figurées de cette myſtérieuſe hiſtoire. La religion judaïque, par ſon droit d'aîneſſe, réclamoit la première place; auſſi la voûte de la nef d'entrée, comme l'exorde de la décoration, lui a-t-elle été réſervée. C'eſt de l'ancien teſtament que ſont tirés tous les ſujets de ſes compartimens. Dans les quatre pendentifs qui ſoutiennent la calotte, paroiſſent Moïſe, Aaron, David & Joſué. Les lunettes des tribunes renferment dans des cadres ovales des ſujets tirés de la vie de ces patriarches.

La nef gauche ou ſeptentrionale de l'édifice, eſt terminée comme celle que l'on vient de décrire. Le *labarum* de Conſtantin brille au milieu de ſa voûte conſacrée à l'égliſe Grecque, dont les quatre docteurs, S. Athanaſe, S. Baſile, S. Jean-Chryſoſtôme & S. Grégoire de Nazianze, ſont ſculptés au milieu des pendentifs; les miracles, les converſions, les principaux traits de ces Pères de l'Égliſe ſont le ſujet des autres compartimens.

Les deux autres voûtes qui reſtent à terminer, devoient être affectées, l'une à l'égliſe Latine, ſous les emblèmes de S. Ambroiſe, S. Jérôme, S. Auguſtin, S. Grégoire; & l'autre, qui eſt celle du fond, devoit avoir pour objet l'égliſe Gallicane. Ses quatre principaux docteurs, S. Irénée, S. Hilaire, S. Céſaire, S. Bernard, les ſondations des ordres monaſtiques, des traits de la vie de Clovis, le premier protecteur de la religion chrétienne en France, devoient être comme la concluſion de ce cours d'hiſtoire religieuſe.

La petite coupole ovale ſous laquelle devoit être placé l'autel du fond, auroit été entourée de vieillards de l'Apocalypſe, & ſon milieu couronné par les ſept ſceaux. Le fond de la niche ou du cul de four, étoit destiné à recevoir une grande gloire rayonnante. (On s'est permis dernièrement de supprimer & d'abattre la pierre où l'on devoit sculpter cette allégorie.)

Rien de précis n'avoit été arrêté par M. Soufflot pour la décoration intérieure de la grande coupole. Celle-ci entièrement terminée, ainsi que le reste de l'église, quant à la construction principale, n'attend plus que la décision du motif de décoration qui doit animer son enceinte. Ce que l'on sait, ou ce que l'on présume du projet de l'architecte, par rapport à l'embellissement de la seconde voûte qui porte la lanterne, c'est que l'apothéose de la sainte devoit en orner le sommet, & que les quatre évangélistes devoient figurer dans les pendentifs.

L'extérieur de la coupole, ainsi que du reste de l'église, est trop connu pour avoir besoin d'une description. L'on n'en parle donc que pour dire que le tout est entièrement terminé, à l'exception des sculptures d'ornement de la colonnade extérieure du dôme auxquelles on travaille, & de la boule, ainsi que de la croix, qui ne sont figurées qu'en bois.

On ne sauroit omettre dans cette description celle de sa partie souterraine, dont le rapport avec la destination nouvelle du monument est si sensiblement remarquable.

Le sol de tout l'édifice dans toute sa superficie, le portail compris, est élevé au-dessus d'un étage voûté. Sous la partie du chevet ou de la nef orientale, est une véritable église souterraine, dont le plan est une croix grecque à quatre croisillons égaux. Sa longueur est de 16 toises, sa largeur de sept. Quarante-huit colonnes sans base & sans entablement divisent & ornent ce souterrain, où l'on descend par deux escaliers à vis circulaire pratiqués de chaque côté de la grande niche qui termine la nef orientale.

Les parties voûtées, sous les trois autres nefs, sont distribuées chacune en trois grands berceaux de 81 pieds de long sur 41 de large. Ces trois allées occupent le milieu de la largeur de chaque nef, le reste de l'espace est occupé par quatre caveaux de 24 pieds de long sur 11 de large. L'espace souterrain du dôme est composé d'un grand corridor voûté & d'un autre concentrique plus étroit, dans lequel devoit être pratiqué l'escalier de communication entre l'église haute & la souterraine.

Admin.on du monument sous le régime du Gouvernement.

Il y a dans la confection d'un édifice deux parties assez distinctes, bien qu'elles se confondent souvent sous le mot & l'idée générale d'exécution. L'une est la partie généralement administrative qui embrasse la direction de tous les détails, l'emploi des fonds, leur répartition, la surveillance de tous les travaux, la corrélation de tous les agens supérieurs, la gradation de leurs pouvoirs, la fixation de leurs emplois, & la nature de leur gestion. L'autre est la partie spécialement exécutive, qui comprend le mode de l'action qui met en jeu tous les mouvemens d'où résulte l'exécution de l'ensemble & de tous les détails d'un édifice; ce mode est ordinairement celui de l'entreprise ou celui de la direction. Le premier offre l'avantage d'une responsabilité plus certaine, & la garantie que l'ouvrage soumis à la subordination habituelle des travaux particuliers, en aura toute la perfection, & recevra tout le soin que l'intérêt public peut exiger. Il fut employé dans toutes les parties d'exécution de Sainte-Geneviève, & il continue de l'être encore dans quelques-unes.

Quant à l'administration générale ou au régime administratif de cet édifice, voici quels en étoient l'ordre & la progression.

Le directeur des bâtimens du Roi étoit le chef de l'administration; il travailloit immédiatement avec le Roi, & ne rendoit compte de sa gestion qu'à lui.

Venoit ensuite l'architecte; il avoit sous lui trois inspecteurs, un vérificateur & un dessinateur. Lorsque l'on rapporte au passé cet ordre de choses & de personnes, c'est plutôt pour suivre la marche qu'on s'est prescrite, que pour faire préjuger l'avenir, car

car toutes les perſonnes attachées à ces emplois exiſtent, & l'activité de leurs fonctions n'a été ſuſpendue que par la ceſſation des fonds & par l'adminiſtration précaire de la Municipalité.

Il faut connoître les noms, les emplois & les ſalaires de tous ces divers agens. Après la mort de M. Soufflot, M. Brebion fut choiſi en 1780 pour lui ſuccéder; mais la crainte des changemens qui auroient pu ſucceſſivement dénaturer le monument, impoſa au ſucceſſeur l'obligation d'être fidèle aux plans de ſon prédéceſſeur, & de n'apporter dans ſa place qu'une entière abnégation d'amour-propre & d'intérêt perſonnel. Il fut réſolu qu'aucune partie d'ouvrage ne ſeroit entrepriſe ſans avoir été communiquée au directeur général des bâtimens du Roi. En conſéquence M. Brebion étoit obligé de préſenter, au commencement de chaque année, un état des ouvrages à faire & de ce qu'ils devoient coûter. C'eſt d'après cet état approuvé du directeur, qu'on commençoit les travaux: le traitement de M. Brebion étoit de 8000 liv.

Des trois inſpecteurs, les deux premiers, MM. Puiſieux & Beauvilain, étoient chargés des attachemens; ſavoir, M. Puiſieux, de ceux de charpente, de menuiſerie, ſerrurerie, plomberie; & M. Beauvilain, de ceux de maçonnerie dont le travail eſt conſidérable, par les plans & détails qu'ils exigent. Ces deux inſpecteurs ſont attachés au bâtiment depuis ſon origine, c'eſt-à-dire, depuis trente-trois ans: le traitement de chacun eſt de 3500 livres.

L'un d'eux, M. Beauvilain, ayant été, par une attaque de paralyſie, réduit depuis 1786 à un état d'infirmité qui le met hors d'état de remplir ſa place; & le ſecond, M. Puiſieux, âgé de ſoixante-quinze ans, ne pouvant plus monter ſur les échafauds, la totalité des fonctions de l'un, & une partie de celles de l'autre, ont accru les travaux ſans augmenter les ſalaires du troiſième inſpecteur.

Celui-ci, M. Rondelet, est depuis 1770 chargé de tous les détails de la construction & de l'exécution des devis & mémoires relatifs aux travaux des détails à donner aux entrepreneurs, de faire tracer les épures, les repaires & vérifications qui doivent précéder les ragrémens, des attachemens de maçonnerie, depuis 1786, d'une partie de ceux de charpente & de maçonnerie, enfin de ceux de plomberie en 1780. Ses appointemens sont de 3000 liv.

M. Soufflot, cousin de l'architecte de Sainte-Geneviève, est entré dans le bâtiment en 1780, après la mort de son parent, sous le titre d'inspecteur-dessinateur. Son emploi étoit de faire sous M. Brebion les dessins de toutes les parties qui n'étoient pas relatives à la construction (celles-ci étoient du ressort de M. Rondelet), de surveiller les travaux de l'ornement. Ses appointemens sont de 2400 liv.

La place de vérificateur, occupée par M. Delagrange, a pour objet de vérifier sur le lieu & d'après les attachemens des inspecteurs, les mémoires des entrepreneurs, & de faire tous les calculs pour parvenir au règlement des mémoires. Ses appointemens sont de 2600 liv.

Récapitulation des frais de régie.

À M. Brebion	8000tt
À M. Puisieux	3500.
À M. Beauvilain	3500.
À M. Rondelet	3000.
À M. Delagrange	2600.
À M. Soufflot	2400.
TOTAL	23000.

La partie exécutive du monument étoit confiée, sous l'inspection dont on vient de détailler l'ordre & le régime, à différens entrepreneurs.

La totalité de cette entreprife, qui peut fe divifer en deux parties très-diftinctes, l'une de conftruction, l'autre de décoration, exige néanmoins, foit pour la clarté de l'analyfe, foit pour la précifion du rapport, une nouvelle fubdivifion en quatre parties.

La première & la plus effentielle eft celle de la conftruction proprement dite, ou de la maçonnerie ; elle eft confiée à M. Poncet.

La feconde partie qui embraffe tous les autres genres de travaux & de matériaux qui doivent entrer dans la confection de cet édifice, compte,

Pour les ouvrages de charpente.	Le fieur Bouillete.
Pour la ferrurerie & gros fer..	Les fieurs Gerard & Motard.
Pour la menuiferie.........	Le fieur Suffe.
Pour la plomberie.........	Les fieurs Farci, Lucas & Gondoin.
Pour la peinture d'impreffion..	Le fieur Petit.
Pour la vitrerie...........	Le fieur Huin.
Pour les ouvrages de fonte & dorure...............	Le fieur Thibouft.
Pour les ouvrages de treillage.	Le fieur Lanciau.

L'entreprife de la décoration fe divifoit auffi en deux portions, les figures & l'ornement proprement dit.

Dans l'origine M. Couftou devoit être chargé de la partie figurifte, & M. Defar père le fut de la partie ornémanique.

Les infirmités de M. Couftou le firent remplacer de fon vivant par fes élèves, MM. Julien, Beauvais & Dupré.

La mort de M. Defar fit appeler par le directeur des bâtimens M. Defar fon fils à fuccéder à cette entreprife.

Celle-ci fut bientôt divifée entre lui & M. Julien & compagnie, qui fe partagèrent la confection des ornemens, & s'affocièrent M. Soyer. M. Dejoux fut affocié auffi à M. Julien après la mort de M. Beauvais, pour l'exécution des figures. MM. Houdon & Boizot ont fait chacun un bas-relief du périſtyle.

Tels ſont les noms & les emplois de toutes les perſonnes qui ont coopéré en chef jusqu'à ce jour, à l'érection & exécution de Sainte-Geneviève.

Voici maintenant l'ordre établi dans la comptabilité.

L'architecte, les inſpecteurs, le vérificateur & le deſſinateur étoient payés ſur un état ſigné du directeur général des bâtimens du Roi.

Quant aux entrepreneurs, ils remettoient leurs mémoires certifiés par les inſpecteurs à l'architecte, qui les renvoyoit au vérificateur. Celui-ci, après les opérations & calculs néceſſaires pour préparer le règlement, les faiſoit repaſſer à l'architecte pour les arrêter. Les mémoires arrêtés étoient renvoyés au directeur général.

État des fonds aſſignés à S.te Geneviève.

Une des choſes les plus importantes à mettre ſous les yeux du Directoire, c'eſt l'état des fonds aſſignés à la conſtruction de Sainte-Geneviève, ainſi que celui des dépenſes qui ont eu lieu juſqu'à ce jour.

Pour connoître l'état des fonds, il eſt néceſſaire de donner un abrégé hiſtorique de cette partie adminiſtrative du monument depuis ſon origine.

L'exécution de cet édifice ordonnée par arrêt du Conſeil du 9 décembre 1754, fut commencée ſur les produits éventuels d'une portion accordée à l'abbaye de Sainte-Geneviève dans le bénéfice de ce qu'on appeloit les *petite loteries.*

L'entrepriſe de Sainte-Geneviève fut d'abord & pendant une aſſez longue ſuite d'années, quant à l'adminiſtration des fonds, le fait perſonnel de l'abbaye : elle avoit pour ſéqueſtre le tréſorier commun de toutes les loteries.

Le gouvernement ayant jugé à propos de ſubſtituer à toutes les anciennes loteries, l'adminiſtration qui ſubſiſte aujourd'hui ſous le titre de *Loterie royale de France*, Sainte-Geneviève obtint une évaluation de 365,000 liv. Il fut arrêté que l'administration générale des loteries fourniroit cette même ſomme chaque année, en la verſant de mois en mois dans la caiſſe qu'on appeloit alors tréſorerie des dépenſes communes, & que l'emploi de cette ſomme ſe feroit ſur les mandats ou ordonnances qu'expédieroit le magiſtrat de police, d'après les propoſitions qu'arrêteroit le directeur des bâtimens du Roi.

Cette ſomme annuelle, ſi elle eût pu être employée en entier, eût porté une grande activité dans les travaux ; mais il faut ſavoir que,

1.° Elle étoit grevée de la preſtation de 50000 liv. de rente, ou intérêt de capitaux d'acquiſitions foncières qui avoient été faites par le Roi, tant pour acquérir la liberté du terrain où ſe plantoit le monument, que pour faciliter une autre opération très-étrangère à celle-ci : on parle de la conſtruction du marché de la culture Sainte-Catherine, & de l'échange fait avec les créanciers des Jéſuites, à la direction deſquels, par un arrangement bien bizarre, on aſſigna une ſomme de 400,000 liv. ſur les fonds de Sainte-Geneviève.

2.° Il reſtoit en arrière une ſomme de 8 à 900,000 liv. due aux entrepreneurs des travaux exécutés juſque-là, & de la part deſquels il étoit évident qu'on ne pouvoit déſormais ni en exiger ni en eſpérer.

3.° La dotation de Sainte-Geneviève fut encore obligée à une prétendue reſtitution de 600,000 liv. envers l'hôpital des Enfans-trouvés. Ce rembourſement ſe fit par une retenue annuelle, qui pendant près de quatre années, réduiſit la ſomme diſponible à celle de 240,000 liv., bien inſuffiſante pour ſubvenir à la continuation des travaux vis-à-vis d'entrepreneurs qui ne pouvoient plus faire d'avances.

Dans cet état de choſes, les travaux eſſuyèrent une longue

ſtagnation. Elle ſe prolongea juſque vers l'an 1784, époque à laquelle le Gouvernement ſentit combien une telle lenteur pourroit compromettre & l'honneur de la nation, & le ſort du monument.

A cette époque, en payant l'intérêt des ſommes dues & les frais de régie, il ne ſeroit reſté que 193,500 liv. pour les frais de conſtruction. On évalua à 6,543,000 liv. la ſomme néceſſaire pour terminer l'édifice. En diviſant 6,543,000 liv. par 193,500 liv., on trouva que pour finir l'édifice avec cette dernière ſomme, il falloit trente-quatre années, & dix ans & demi pour le rembourſement des capitaux dont on payoit la rente, ainſi que des ſommes dues aux entrepreneurs; d'où il réſultoit que la ſomme affectée ſur les loteries, devoit continuer de l'être pendant quarante-quatre ans & demi.

M. l'abbé le Febvre, alors procureur général de l'abbaye de Sainte-Geneviève, & dont le zèle pour l'achèvement de cet édifice a égalé les reſſources, imagina un projet d'emprunt, au moyen duquel dix années devoient ſuffire à l'entière confection du monument. Des lettres patentes, regiſtrées au parlement le 6 juin 1784, réaliſèrent ce projet, qui conſiſtoit à emprunter une ſomme de quatre millions gradués par dixième ſur une révolution de dix années, & dont les contrats ſeroient paſſés par les magiſtrats de police, ſous les conditions ordinaires des emprunts de ce genre. Cet emprunt fourniſſant une ſomme annuelle de 400,000 liv., jointe à celle de 365,000 liv. des loteries, donnoit un total de 765 mille livres pour chaque année.

Voici comment devoient s'employer ces fonds :

1.° Pour les intérêts aſſignés	60,877#
2.° Intérêt de l'emprunt	20,000.
3.° Frais de régie	25,000.
4.° A compte ſur la dette des entrepreneurs	100,000.
Sommes à déduire ſur les 765,000#.	205,877#. Reſte 559,123#.

Cette somme a été payée en 1785.

En 1786, à cause des intérêts de l'emprunt, il a été payé.	539,123.
En 1787.	519,123.
En 1788.	499,123.
En 1789, l'emprunt n'ayant pas été rempli, la somme a été de.	379,123.
En 1790, l'emprunt ayant cessé tout à fait, on a été réduit aux 365 mille livres affectées sur les loteries qui se sont trouvées grevées de 95 mille livres de rente des emprunts des années précédentes; ce qui, avec les frais de régie & les anciens intérêts, réduit la somme disponible à celle de.	185,123.

État des dépenses faites jusqu'en 1791.

Quant à l'état des dépenses faites jusqu'à l'année 1791, il seroit difficile d'en faire la récapitulation autrement que par les recettes qui seules sont constantes; ce que l'on voit de plus sûr, c'est que,

1.° 365,000 livres pendant 27 ans, ci.	9,855,000 ₶.
2.° 765,000 livres pendant 4 ans, ci.	3,060,000.
3.° 365,000 livres en 1790, ci.	365,000.
forment jusqu'à la fin de 1790, un total de.	13,280,000.

La dette du monument est de deux sortes: l'une qu'on peut appeler dette foncière, & l'autre dette mobiliaire; c'est celle des entrepreneurs.

La première comprend,

1.° Les capitaux d'acquisition qui, suivant les renseignemens qu'on a cherché à se procurer, sans être parvenu à connoître les titres, roulent de 16 à 1,700,000 livres.

2. Un capital d'environ 2,000,000, constitué sous l'autorité des lettres-patentes de 1784. On sait que les rentes s'acquittent par les payeurs de la ville.

La seconde classe, celle de la dette mobiliaire, & qui ne se détermınera que par des règlemens qui n'ont point encore été faits, peut être ſpéculée à 1,500,000 liv.

Ainſi la ſomme totale de ce qu'a coûté le monument, en comprenant les intérêts pour acquiſitions de terrain pendant trente-un ans, les intérêts de l'emprunt pendant ſix ans & demi, les frais de régie pendant trente-trois ans, la ſomme due aux entrepreneurs, peut s'évaluer de 15 à 16 millions.

Réflexions ſur l'ancien état des choſes.

Le tableau qu'on vient de préſenter, fait naître trois ſortes de réflexions, & qui ſe portent ſur trois abus principaux que le régime de cet édifice a ſoufferts.

Le premier abus tenoit à l'état arbitraire & mobile de l'ancien ordre des choſes, dans toutes les parties du gouvernement : d'où il eſt réſulté que pluſieurs diſtractions ont été faites de la ſomme affectée à Sainte-Geneviève pour d'autres établiſſemens, en ſorte que la conſtruction s'eſt trouvée ſuſpendue pendant pluſieurs années.

Cet abus accroiſſoit bien ſenſiblement le ſecond, qui conſiſte à avoir négligé dès l'origine le rembourſement des capitaux d'acquiſition de terrain, d'où il réſulte que le monument a payé en intérêt beaucoup au-delà de la ſomme des capitaux.

Le troiſième abus, produit par les deux premiers, étoit celui du gouvernement dans toutes ſes opérations, & qui conſiſte dans un emploi immodéré du crédit. Les entrepreneurs obligés de faire perpétuellement des avances, en font payer les intérêts ſur le prix de leurs ouvrages. Devenus néceſſaires à l'adminiſtration qui croit leur avoir des obligations, ils lui font bientôt la loi de les traiter plutôt comme des bienfaiteurs que comme des fourniſſeurs. Aucun ordre ne peut s'établir dans les payemens ; le mieux payé eſt celui qui ſait le mieux faire valoir ſes ſervices, ou employer la menace de les ceſſer ; les mémoires ne ſe règlent point, les à-compte ſe délivrent à l'aveugle, les travaux ne ſouffront de ſurveillance que pour la forme, & l'on ſent bien que la ſévérité de de l'inspection ne sauroit s'exercer envers des hommes qui mettent toujours en avant & leurs services & leur argent.

Tel est en abrégé le vice de la régie de l'édifice de Sainte-Geneviève sous l'administration du gouvernement. Il faut passer à la seconde époque.

SECONDE PARTIE.

De l'état actuel de l'édifice de Sainte-Geneviève sous l'administration municipale.

On a suffisamment indiqué la nature & la quotité des fonds assignés par le gouvernement à la construction de cet édifice, la forme de son administration & l'état du monument jusqu'à l'année 1790.

Il faut dire maintenant quelles sont les causes qui ont provoqué & amené l'état actuel de choses, & l'administration municipale.

L'emprunt de 4 millions, qui devoit ajouter une somme de 400,000 l. par an à celle de 365,000 l. a été, comme on l'a vu, toujours en baissant par chaque année, jusqu'à ce qu'en l'année 1790 il ait cessé tout à fait; le bâtiment réduit alors à ses 365,000 liv. grévées de 95,000 liv. de rentes à payer pour les emprunts des années précédentes, & des 60,000 liv. pour les intérêts des vendeurs de maisons & terrains acquis pour l'emplacement de l'église, se trouva n'avoir à sa disposition qu'une somme de 210,000 liv.

L'on jugea à propos de l'employer à parfaire la construction essentielle, & à payer les dépenses urgentes des entrepreneurs de construction.

Ceux d'ornement & de décoration furent laissés en arrière. Ils firent des efforts pour maintenir l'activité dans leurs ouvrages, mais leurs ressources s'épuisèrent; celles des emprunts devinrent ruineuſes & bientôt impoſſibles : ils ſe virent obligés d'arrêter leurs travaux.

Cette ſuſpenſion, jointe à la ſtagnation de tous les travaux publics & particuliers dans ce genre, réduiſit au déſeſpoir tous les compagnons ſculpteurs d'ornement, qu'alimentoit depuis long-temps l'atelier de Sainte-Geneviève. Leur mécontentement les réunit; leurs plaintes accueillies & ſoutenues par un des inſpecteurs du bâtiment, furent portées à la Municipalité. Celle-ci reçut avec empreſſement & bientôt mit à exécution le plan d'évincer les entrepreneurs de l'ornement, & de faire finir, ſans leur entremiſe, tout ce qui reſtoit d'ornement à terminer. Le devis ou l'aperçu de cette dépenſe fut fait, & porte à 119,000 liv. la ſomme néceſſaire pour aſſurer l'entier achèvement des ornemens.

Pour accélérer ſa marche, la Municipalité jugea à propos d'affecter cette dépenſe ſur les fonds des ateliers publics, & c'eſt ſur des autoriſations données au caiſſier des ateliers publics, par un des officiers municipaux, que s'eſt payée, depuis le 12 mars juſqu'à ce jour, une ſomme d'environ 80,000 liv. La dépenſe par mois eſt d'environ 30,000 liv.

Rien par conſéquent n'étoit plus précaire que cet état de choſes quant à la levée des fonds; il étoit douteux d'ailleurs qu'on eut laiſſé prendre dans cette caiſſe au-delà de la ſomme de 210,000 l. que le bâtiment de Sainte-Geneviève a à ſa diſpoſition; cette ſomme, comme on le verra, ſeroit inſuffiſante pour ſubvenir aux frais des entrepreneurs de conſtruction & aux dépenſes de décoration. Si le bâtiment en étoit réduit à ce peu de fonds, même en le dégageant des ſommes qu'il doit aux entrepreneurs qu'on emploie, ainſi qu'à ceux qu'on n'emploie plus, on ne pourroit eſpérer l'achèvement du monument que dans le cours d'une dixaine d'années.

Quant à la partie adminiſtrative & à la régie générale du

bâtiment, nous devons vous dire, Messieurs, qu'elle est entièrement nulle & illusoire : & pouvoit-on attendre autre chose de l'influence précaire des chefs, & de l'action spontanée de quelques employés à cet édifice, qui, dans la désorganisation de tous les anciens pouvoirs, ont peut-être vu leur intérêt personnel avant celui du public ?

La vérité est que l'ancienne administration du gouvernement, paralysée par l'inaction volontaire ou forcée, & depuis par l'absence de son ancien chef (le directeur des bâtimens), par le manque d'appui de tous les sous-chefs, par le défaut de fonds, par l'attente d'un changement inévitable, ressemble à ces corps auxquels il ne reste qu'une apparence de figure prête à s'évanouir au premier choc. Un seul de ses membres a conservé, par l'entremise de la Municipalité, un reste d'action & de vie; mais comme aucun nouveau titre ne l'investit d'aucun nouveau pouvoir, comme il ne doit sa position nouvelle qu'à l'ancien titre d'inspecteur, il seroit peut-être permis de s'étonner de son action, autant que de l'inaction de ses confrères. Tous sont ce qu'ils étoient; tous continuent de l'être jusqu'à ce qu'un pouvoir légal ait prononcé sur leur sort.

Cependant, c'est par le fait, & ce qu'il y a de pis, c'est par des voies de fait, que des ouvriers employés par la Municipalité, se sont permis de choisir les uns & d'exclure les autres L'un d'eux, chargé de tous les détails de construction & d'échafaudage, veut continuer une fonction qu'aucun pouvoir n'a suspendu ni pu suspendre; il est menacé par quelques ouvriers : il insiste sur l'exercice de son droit, sur les représentations qu'il croit urgent de faire au sujet d'un échafaud dressé pour ragréer la première voûte du dôme; il est poursuivi; il reçoit une lettre d'interdiction. Enfin, l'échafaud dont il avoit prédit la chute, croule, & l'on doit s'applaudir que le jour de cet accident ait été un dimanche, & qu'on en ait été quitte pour 12 à 15,000 l. de dépense. On s'attend naturellement que l'accident sera constaté par des vérificateurs qui en prononceroient les causes. La Municipalité envoie l'officier municipal chargé de cette partie, mais sa mission se borne à des plaintes & à des reproches.

Tel est l'état de désordre & d'anarchie qui existe dans le bâtiment. Cet état de choses sera l'effet inévitable du système absurde établi entre les ouvriers qui, par une parodie absurde du gouvernement, regardent leurs travaux comme leur propriété, le bâtiment comme un république dont ils sont les concitoyens, & croyent en conséquence qu'il leur appartient de se nommer leurs chefs, leurs inspecteurs, & de se distribuer arbitrairement les travaux. L'on juge bien que dans une telle hiérarchie tout contrôle seroit dangereux, que toute inspection n'est qu'une vaine formalité, & qu'il doit se former une coalition de complaisance réciproque entre tous les agens, destructive de toute espèce de subordination.

La partie exécutive de l'édifice marche encore au moyen des entrepreneurs de construction; peut-être ne va-t-elle que trop vîte. Les travaux de la boule, de la croix dorée, de son armature, ont continué malgré la présomption de l'inutilité de cet objet; cette dépense est de 30,000 liv. La dorure, objet de 12,000 liv., n'est pas encore commencée, & il seroit urgent de l'arrêter.

La sculpture d'ornement se poursuit avec activité; mais quel que soit le zèle de ceux qu'on y emploie, aucune surveillance, aucune direction indépendante d'eux ne garantissent à l'administration & au public la bonne exécution de ces travaux. Aucune subordination, autre que celle établie par les intéressés, ne répond de la juste application des différens talens aux objets auxquels ils sont propres. Lorsqu'on connoît toutes les fraudes qui peuvent avoir lieu dans ce genre d'ouvrage, toutes les erreurs irréparables qui peuvent s'y commettre, tous les moyens d'en déguiser pour un temps l'apparence à ceux qui n'en connoissent pas la possibilité, il faudra, ſans doute, ſavoir beaucoup de gré à ceux qui travaillent en ce moment d'avoir fait bien avec la facilité de mal faire.

Mais, comme vous le ſentez, Meſſieurs, l'adminiſtration ne doit pas compter ſur des miracles de zèle & de bonne volonté; elle doit toujours ſuppoſer le contraire de ces effets, car il ne lui ſuffit pas de faire le bien, il faut encore qu'elle paroiſſe le faire.

La comptabilité de cette geſtion précaire tient aux mêmes élémens d'anarchie ; & comme rien n'eſt plus voiſin du deſpotiſme que l'abſence d'autorité, il réſulte de l'état des choſes actuelles un retour bien marqué vers l'arbitraire. Un ſeul ordonne les dépenſes, les conſtate & les fait payer ; le même arrête le rôle des ouvriers & conſtate le nombre des journées. La confuſion entre les dépenſes arriérées & les nouvelles, faute de réglement de mémoires, eſt prête à s'établir, parce que la Municipalité eſt obligée d'avoir recours aux reſſources des entrepreneurs. Il eſt urgent qu'un ordre définitif s'établiſſe dans toutes les parties de cette machine. Les agens proviſoires, toujours incertains ſur la nature de leurs pouvoirs, ſur la deſtination future du monument, ſe hâtent de faire terminer des ouvrages qu'un nouvel ordre d'idées pourra rendre inutiles; on néglige ceux qu'il ſeroit le plus important de terminer. On ſe permet des ſuppreſſions qui préparent des regrets, ou des changemens qui en néceſſiteront d'autres.

Les entrepreneurs de l'ornement réclament dans la continuation de leur entrepriſe le gage de leurs avances; ils inſiſtent ſur l'injuſtice d'employer les fonds courans de l'édifice à de nouveaux travaux, tandis qu'on n'acquitte point la dette ancienne. Les ſculpteurs de figure ignorent s'ils doivent donner ſuite à leurs compoſitions; & comme aucune autorité n'a pu ſuſpendre leur activité, ils pourroient, s'ils vouloient continuer leurs modèles, compromettre l'intérêt public, en accroiſſant journellement la ſomme d'une dépenſe qu'un nouvel ordre de choſes doit rendre bientôt inutile.

Nous vous propoſerons, à la fin de la troiſième partie de ce rapport, les meſures à prendre pour rétablir l'ordre, la diſcipline & la bonne intelligence entre toutes ces parties, au moyen d'une adminiſtration active & ſurveillante. L'ordre des objets nous preſſe d'en venir à la partie du rapport qui embraſſe l'état futur du monument.

TROISIÈME PARTIE.

De l'état futur de l'édifice dit *de Sainte-Geneviève.*

CHAPITRE PREMIER.

Le Décret de l'Aſſemblée Nationale qui conſacre cet édifice à recueillir les cendres des grands hommes, indique aſſez les meſures préalables que le Directoire doit prendre pour accomplir cette intention.

Deſtination excluſive du monument.

La première de toutes, doit être de prononcer la deſtination du monument, d'une manière qui ne laiſſe plus d'équivoque dans ſon emploi.

Quelle que puiſſe être l'autorité de l'habitude & de l'exemple par rapport au mélange que préſentent certains monumens fameux, d'uſages purement politiques & de pratiques religieuſes; quelle qu'ait été juſqu'à ce jour la tolérance de la raiſon & de la religion dans cette combinaiſon vraiment rebutante qu'offre l'aſpect d'édifices conſacrés tout-à-la-fois à l'éternité & à la mort, il eſt sûr qu'une telle agrégation de pratiques & d'idées diſparates, n'eſt que le réſultat de l'incohérence de tous les élémens dont ſe ſont formées les inſtitutions modernes. Il eſt douteux qu'elle reçoive une nouvelle autorité d'un peuple aſſez heureux pour rentrer, par la force de la raison, dans la ſimplicité des habitudes primitives de la nature.

La monſtrueuſe alliance des temples & des ſépultures, où toutes les affections ſe confondent pour s'entredétruire, qui altère la noble ſimplicité de l'architecture, & entrave toutes les reſſources de la ſculpture, par les convenances inutiles du monument avec le local qu'il défigure; les ſoins plus importans encore de la ſaine police & de la ſalubrité des villes; la néceſſité de conſerver les cénotaphes & autres ouvrages de l'art, que la ſuppreſſion d'un grand nombre d'édifices religieux feroit rentrer dans le néant ou dans l'oubli; bien d'autres conſidérations feront ſans doute ſentir à l'adminiſtration la néceſſité & l'intérêt de lieux publics de ſépultures, appropriés à nos uſages & à nos affections.

Le directoire du Département compromettroit donc & l'opinion qu'on a de ſa ſageſſe, & l'eſpérance de toutes les améliorations que Paris doit attendre de ſa détermination ſur l'édifice confié à ſes ſoins, s'il donnoit encore dans ce moment le dangereux exemple de cet alliage indiſcret d'uſages contradictoires; & ſi, au lieu que juſqu'ici l'on a fait de nos temples des lieux de ſépultures, par un contre-ſens plus impardonnable, il vouloit, d'un lieu deſtiné à la ſépulture, continuer d'en faire un temple.

Si l'unité, principe de toute beauté, s'oppoſe à ce parti, d'autres conſidérations le repouſſent encore. La patrie eſt une divinité nouvelle pour un peuple libre; mais ſon culte ne connoît pas de ſectes. Bornée à l'exercice de toutes les vertus dont le point d'appui eſt ſur la terre, cette religion ne rivaliſe point avec celle dont les oracles & les récompenſes deſcendent du ciel, elle ne juge point ſes décrets, elle ne partage point ſes temples; mais elle veut un autel, autour duquel ſes adorateurs s'enchaînent du lien d'une fraternité qui ne connoiſſe ni droit d'aîneſſe, ni prédilection, ni ſignes diſtinctifs.

C'eſt ſur-tout dans les hommages que la patrie rend aux grands hommes, c'eſt dans ce retour de bienfaits qu'elle aime à ne voir que les enfans d'une mère commune. Ses embraſſemens les appellent tous autour d'elle ; elle s'affligeroit de tout ce qui ſépareroit dans l'expreſſion de ſa reconnoiſſance, ceux qu'elle a ſi intimement unis par l'obligation uniforme de l'amour.

Cette cruelle ſéparation auroit lieu cependant, ſi le culte de la patrie, aſſocié ſous les mêmes voûtes à celui de la Divinité, trouvoit dans quelques dogmes, ou même dans des pratiques religieuſes, des titres ou des motifs de proſcription contre quelqu'un de ſes proſélytes. Qui ſait même juſqu'à quel point une alliance de ce genre, pourroit réveiller toute l'activité des préjugés qu'une imprévoyante philoſophie ſe ſeroit trop hâtée de croire anéantis ?

Le contraſte, & il faut le dire même, le ridicule de la nouvelle deſtination de notre édifice, avec celle qui donna lieu à ſon érection, deviendroit encore plus marqué, s'il étoit poſſible qu'on voulût réunir dans la même enceinte, les hommages d'une dévotion plus ou moins éclairée, pour pieux objet d'une ſainte crédulité, avec les honneurs profanes, & les cérémonies civiques, que la philoſophique ſuperſtition du génie décernera aux reliques ou à la mémoire des grands hommes.

Le Décret de l'Aſſemblée Nationale, & toutes les conſéquences de ce Décret, impoſent donc au directoire l'obligation d'affecter uniquement & excluſivement aux grands-hommes, ainſi qu'à la patrie, l'édifice deſtiné à ſon culte.

Inſcription du monument.

La ſeconde meſure propre à arrêter plus préciſément encore & à fixer cette deſtination, eſt de donner au monument une dénomination qui exclue tout mélange d'idées étrangères. Notre langue s'y refuſera peut-être : peut-être ſerons-nous obligés d'emprunter encore du vocabulaire de ces peuples qui nous ont tranſmis toutes les idées de la gloire. Si les mots ſimples de *Portique* ou *Monument des grands-hommes* ne ſemblent pas au niveau de l'idée, on pourra employer ceux de *Baſilique nationale*, *Panthéon*,

Cenotaphe

Cénotaphe ou *Mausolée des grands hommes*, &c. Mais quelque soit le nom dont on fasse choix, il faudra l'inscrire au-dessus de la porte d'entrée, pour que, revêtu de la sanction de l'usage, il efface promptement l'habitude de l'ancienne dénomination.

Changement de décoration.

La troisième mesure, & la plus importante, est d'arrêter un cours suivi de décoration analogue à l'objet de ce monument dédié aux grands hommes. Avant d'indiquer les procédés économiques & les moyens matériels d'opérer, à peu de frais, cette transformation, nous croyons à propos de ne point interrompre la description de ce que nous avons projeté de substituer à l'ancien plan de décoration. Cette description n'éprouvera d'autre division que celle qu'indiquent l'intérieur & l'extérieur de l'édifice.

Extérieur de l'édifice.

Il nous a paru que le programme de toute la décoration étoit contenu dans l'inscription décrétée par l'Assemblée Nationale : *Aux grands hommes la patrie reconnoissante.* Tel est le texte dont l'éloquence de la sculpture doit donner le développement.

Cette belle inscription, selon les règles de l'art & les convenances du goût, ne peut trouver d'autre place que dans la frise, cette partie située entre l'architrave & la corniche. De grandes lettres de bronze prendront la place de cet enroulement que l'œil ne regrettera pas, & s'incrusteront sur le nu de la pierre.

Le fronton dégagé de l'insipide ramas de nuages, d'anges & de rayons qui n'offusquent que la raison, recevroit l'image de Patrie sous la forme d'une femme vêtue d'une longue robe & accompagnée des symboles qui caractérisent la France. Debout, & au milieu du fronton, les deux bras étendus, elle tiendroit de chaque main une couronne. A sa gauche le Génie, sous la forme d'un jeune homme ailé, saisiroit la couronne, tandis que de l'autre côté, la Vertu, sous l'emblème plus modeste d'une jeune fille, sembleroit l'attendre : les attributs des vices & des passions terrassés, occuperoient la partie rampante du fronton.

Les cinq bas-reliefs sculptés sous le péristile, & qui représentent des sujets saints & des traits de la vie de sainte Géneviève, seront remplacés par d'autres, dont le motif se tireroit du même ordre d'idées.

L'on a dit qu'il y avoit aussi sous ce péristile deux grandes tables de la même hauteur que les deux portes collatérales ; celles-ci dorénavant inutiles, se fermeroient & donneroient un nouvel espace pour deux autres tables propres à contenir des inscriptions. Ces quatre tables recevroient d'une part les droits de l'homme ; de l'autre, les devoirs du citoyen, c'est-à-dire, la constitution. Les bas-reliefs placés au-dessus de ces inscriptions, en répéteroient les maximes dans leur langage figuré. On verroit d'une part ce que la patrie fait pour l'homme, & de l'autre, ce que l'homme doit à la patrie.

Un bas-relief, par exemple, pourroit représenter la patrie formant, par l'éducation, les vertus & les talens. Un autre exprimeroit la législation ou l'action salutaire de la patrie, qui, au moyen des loix qui l'environnent, assure la liberté & défend la propriété des citoyens. Des deux autres bas-reliefs, l'un exprimeroit la soumission aux loix, & l'autre, les vertus & les talens qui sacrifient sur l'autel de la patrie. Le bas-relief du milieu contiendroit l'allégorie représentative de la déclaration des droits de l'homme. La Nature, par exemple, appuyée sur l'Égalité & la Liberté, tiendroit un niveau ; le bonheur des campagnes, la richesse des villes, la tranquillité de l'empire, s'y exprimeroient par les emblèmes si connus de la langue allégorique de la sculpture.

Tout le reste du monument extérieur ne comporteroit que de très-légers ragrémens, qui ne méritent pas d'être décrits. Rien à changer dans la coupole que quelques ornemens sous la galerie formée par la colonnade circulaire du dôme. Les tours bonnes à détruire, la sacristie inutile à commencer, n'entreront ici que comme élémens des économies qui seront l'effet de la nouvelle destination.

Il est un objet extérieur cependant qui demande à se raccorder avec l'ensemble d'un nouveau parti de décoration, c'est la lanterne qui sert d'amortissement à la coupole. Vous penserez, sans doute, Messieurs, que le signe caractéristique du christianisme & de ses temples ne doit plus surmonter l'édifice civique que vous consacrez à la patrie, & vous devez chercher à détruire toute espèce d'équivoque qui pourroit blesser notre religion.

Cette suppression ne vous porteroit-elle pas à écouter les plaintes des gens de goût contre l'usage puéril de ces petits belveders que la stérilité de la mode a si inconsidérément multipliés sur toutes les coupoles? Pourquoi faut-il que le couronnement d'un grand édifice n'offre à l'esprit que le vide absolu de la pensée?

En proposant de réparer, par un changement fort simple, les torts de l'usage auquel l'architecte crut devoir sacrifier, on auroit cependant l'avantage de ne point le contredire. Sa première intention, comme on le voit par ses premiers plans, avoit été de placer, au haut de sa coupole, l'effigie de la sainte qui devoit donner le nom à l'édifice : pourquoi refuseroit-on aujourd'hui d'accomplir le premier vœu de son génie?

Rien ne termineroit, d'une manière plus heureuse, la coupole, qu'une statue colossale qui, moins haute que n'est la lanterne actuelle, redonneroit à la masse du dôme le caractère que cet alongement prodigieux d'un édifice qui l'écrase lui fait perdre.

Le directoire jugeroit donc de l'emblème qu'il conviendroit d'imposer au sommet de ce monument national; il choisiroit entre l'effigie de la Liberté, qui ne peut être déplacée nulle part, ou la statue de la Renommée, qui seroit peut-être plus spécialement appropriée à ce temple de la gloire.

Tout ce qui pourra donner de la gravité à ce monument, entrera dans les mesures propres à en caractériser l'emploi. On croit donc que sous tous les rapports l'édifice ne pourroit que gagner, en perdant ces fastidieuses guirlandes dont la redite inutile fatigue, par sa nullité, l'œil qui parcourt les contours extérieurs du monument.

Une autre suppression qui ajoutera au caractère de l'architecture en elle-même & de l'édifice considéré sous son nouveau rapport, sera celle des croisées dont les murs sont percés. De grands lisses plaisent à l'œil, & l'intérieur gagnera beaucoup par la suppression des jours du bas qui contrastent avec ceux des grands cintres de la voûte. Par ce moyen l'intérieur recevant moins de jour prendra un caractère plus sérieux, le jour tiré du haut répandra sur les monumens & sur l'architecture même une lumière plus favorable, plus convenable au silence religieux du local. L'expérience de cette suppression déjà faite pour le service de Mirabeau, nous autorise à la proposer définitivement. Elle entrera aussi dans les calculs de l'économie.

Puisque nous sommes entrés dans l'intérieur de l'édifice, poursuivons-en la description future.

Intérieur de l'édifice.

On a vu que cet intérieur se composoit de quatre nefs & & d'une coupole qui leur sert de centre. On a indiqué le pieux motif de décoration allusive à la religion chrétienne dont deux de ces voûtes, déjà terminées, laissent voir le développement. Flattés de l'espoir de consacrer, par les hiéroglyphes de l'art, le système philosophique de la tolérance universelle, déjà quelques artistes avoient conçu le projet de graver sur le reste de l'édifice les symboles des autres cultes, & sur-tout de l'antiquité dont la religion est devenue celle des arts & des artistes.

Vous jugerez, Messieurs, ce que de tels rapprochemens pourroient offrir de choquant pour la raison, de ridicule aux yeux de l'opinion, de dangereux par rapport au préjugé, & d'incompatible avec le culte moral que vous devez instituer dans cet édifice civique.

Nous vous proposons d'adopter de préférence, dans la décoration de votre panthéon philosophique, les attributs & les emblèmes de cette religion vraiment universelle, à laquelle tous les peuples doivent se rallier. Cette religion est la morale. Ses allégories offriront au ciseau de l'art, des sujets aussi favorables; mais leur grand avantage sera d'être à la portée de tous les yeux, de tous les esprits, de tous les peuples, & sur-tout de s'assortir naturellement au caractère & à la destination du local.

Les quatre voûtes de notre édifice formeroient donc, dans les divers compartimens qui les divisent, un cours suivi des vertus essentielles de l'homme & du citoyen. Rien n'empêcheroit sans doute de représenter quelques-unes de ces vertus, par quelques-uns de ces traits de l'histoire qui en sont devenus comme les apologues inséparables.

Les vertus morales & politiques, les dons du génie relatifs aux sciences qui servent la société & aux arts qui l'embellissent, voilà la répartition naturelle des symboles qui doivent animer nos quatre voûtes.

Nous ne vous présenterons, pour le moment, que l'ensemble d'une conception générale; si vous l'agréez, ce sera au crayon de vous rendre sensible, par une exécution préalable, tout ce qu'un simple récit ne peut exprimer qu'imparfaitement.

Quant à la décoration de la coupole intérieure, vous avez déjà pressenti ce que le pinceau est impatient d'y exprimer. Votre édifice est un catéchisme figuré des devoirs de l'homme en société: votre coupole doit être comme la péroraison de tout ce discours allégorique. L'apothéose du génie & de la vertu doit couronner le sommet de la voûte. Nous ne préviendrons point ici par une description précoce, les efforts de la peinture dans ce vaste sujet, & nous laisserons à celui que le talent &

la célébrité déſigneront pour l'exécuter ; toute la liberté qu'exige le génie.

Nature & diſpoſition des monumens à élever aux grands hommes.

L'édifice terminé convenablement à la dignité de ſon emploi, il faut s'occuper d'une quatrième meſure, celle qui concerne la nature & la diſpoſition des monumens que la reconnoiſſance de la patrie conſacrera aux grands hommes.

L'un de ces deux objets eſt relatif aux monumens en eux-mêmes, l'autre à l'édifice deſtiné à les recevoir.

Quant au premier objet, nous croyons qu'il eſt très-eſſentiel de le régler ; & ſi quelque choſe peut le faire ſentir, c'eſt l'aſpect fâcheux & déſagréable de quelques édifices deſtinés comme celui-ci à ſervir d'hypogée & de cenotaphe. Nous en avons un exemple ſous les yeux dans l'égliſe de Saint-Denys, où les tombeaux arbitrairement compoſés & diſpoſés, n'offrent qu'un labyrinthe de monumens qui s'offuſquent & ſe détruiſent l'un par l'autre. L'abbaye de Weſtminſter à Londres a porté la confuſion & le déſordre en ce genre à un excès proportionné à la multitude de ſes monumens. Si quelque choſe eſt propre à détruire le ſentiment profond qu'on éprouve dans cette galerie d'illuſtres morts, c'eſt ſans doute la bigarrure de leurs portraits & les diſparates de leurs compoſitions fantaſtiques.

Loin de nous l'idée de vouloir mettre au génie de l'artiſte trop d'entraves, en aſſujettiſſant ſes conceptions à un module uniforme & monotone d'invention ; mais l'intérêt de l'art, du monument & des convenances peut lui preſcrire des bornes & circonſcrire le cercle de ſes compoſitions. S'il en eſt quelqu'une que les règles du goût, la bienſéance du local doivent proſcrire, c'eſt ſans doute celle des mauſolées modernes. Tous les ſymboles de mort qui attriſtent l'imagination, doivent s'éloigner d'un lieu conſacré à l'immortalité. Ces compoſitions d'ailleurs ne ſauroient s'approprier à l'architecture qu'elles contrarient, ni à l'eſpèce de ſymétrie que demande une ordonnance régulière. Qui ſait en outre juſqu'à quel degré la reconnoiſſance rétroactive de la nation voudroit étendre ſes obligations envers les grands hommes qui auroient précédé l'époque de la révolution, & qui ne pourroient habiter ce ſanctuaire d'immortalité que ſous le ſimulacre du marbre qui les feroit revivre? Qui ſait juſqu'à quel point la dépouille d'un grand homme devenue la propriété du lieu qui lui auroit donné le jour, ſe refuſeroit à une tranſlation douloureuſe, & combien de fois il faudroit ſéparer dans les monumens, l'effigie de l'homme de la poſſeſſion de ſa cendre?

D'après ces conſidérations & beaucoup d'autres, parmi leſquelles on doit compter encore celle qui tendroit à éviter les points de reſſemblance entre notre édifice & les lieux ſaints, ou les cimetières, il nous ſemble que de toutes les formes à adopter dans le monument en queſtion, il faut choiſir celles qui s'approprient à toutes les circonſtances & à toutes les données. Ces formes ſont encore celles que l'art & le bon goût réclament de préférence, & qui ont en leur faveur la ſanction toujours impoſante de l'antiquité.

Ainſi, ſelon la dépenſe aſſignée, ſelon la qualité des ſervices ou le plaiſir même de la variété, ces monumens ſeroient ou des ſtatues repréſentatives de l'homme, ou des grouppes allégoriques, ou de ſimples buſtes placés ſur des piédeſtaux, ou des cippes ornés de bas-reliefs, ou des ſarcophages ſculptés & ſurmontés de l'effigie des perſonnages, ou des urnes placées ſur des colonnes, ou de ſimples tables portant des inſcriptions honorifiques ou épitaphes. On n'indique pas la latitude de liberté réſervée à l'art dans l'exécution de tous ces ouvrages; mais on ſent que toute indéfinie qu'elle doive être, il n'eſt aucun d'eux qui ne puiſſe trouver dans notre édifice une place convenable, ſans en rompre l'harmonie & ſans en gâter l'ordonnance.

De tous ces produits de l'art, les uns ſeroient de leur nature ſuſceptibles de s'adoſſer aux murs de l'édifice, les autres iſolés entre les colonnes, formeroient la plus noble & la plus imposante de toutes les décorations. Il n'est aucune alliance plus favorable que celle des statues & des colonnes ; la seule chose à déterminer seroit le rapport de leurs proportions.

En réglant ainsi la mesure & la qualité des monumens, on satisfait en même temps à l'intérêt dû à l'architecture. Si les églises gothiques de Saint-Denys & de Westminster n'ont qu'à s'applaudir de la diversion que l'étalage de tous leurs mausolées fait à leur architecture, nous ne pensons pas qu'on puisse témoigner la même indifférence dans un édifice construit avec les ordres de la Grèce, & qui réclame en sa faveur tous les ménagemens d'un goût éclairé. Cependant les dispositions d'ordre & de goût que nous venons d'indiquer, loin de rétrécir le champ que doivent occuper les ouvrages de l'art, lui donne une bien plus grande étendue. Nous avons trouvé que sans offenser en rien la symétrie de l'ordonnance générale, sans rien ôter aux dégagemens & à la libre circulation de l'intérieur, sans blesser aucun membre d'architecture, on pourroit compter quatre-vingts monumens adossés, & un égal nombre de monumens isolés. Pour peu qu'on voulût tirer parti de toutes les places, doubler les monumens entre toutes les colonnes engagées dans le mur, & mettre à profit beaucoup d'autres espaces que le plan seul peut indiquer, il n'est pas douteux qu'on puisse porter à trois cents le nombre des signes d'honneur que la patrie décernera à ses bienfaiteurs.

La partie souterraine de l'édifice n'a besoin d'aucun changement, pour devenir le lieu de repos des grands hommes dont on sera à même de recueillir les cendres. Les monumens situés dans la partie supérieure indiqueroient, par l'inscription HÎC JACET, ceux dont les corps y seroient inhumés. On laisse du reste à l'opinion le soin de classer & de distribuer au gré des convenances, toutes les parties de ce souterrain.

Il est une dernière disposition que nous devons vous proposer,

&

& en l'adoptant, vous accomplirez le vœu de toutes les ames sensibles. L'art de caractériser les monumens tient à des moyens que l'on s'est trop habitué à croire indifférens, parce que rarement les affections du peuple se sont mêlées aux conceptions des artistes ; mais le premier ouvrage de la sensibilité nationale doit accueillir tout ce qui concourt à fortifier ce besoin. Rien ne nous paroîtroit donc plus propre à renforcer toutes les impressions qui doivent résulter de la nature du monument, que d'environner son extérieur d'une enceinte plantée d'arbres dont l'ombre silencieuse ajouteroit au sentiment religieux du local. Nous n'avons pas besoin sans doute de solliciter votre imagination par la peinture anticipée de toutes les images dont cette réunion des beautés de la nature & de l'art formeroit le tableau. Nous ne vous peindrons point les divers aspects de votre monument qui s'élève avec plus de grandeur & de noblesse au milieu du bois sacré qui l'entoure & le sépare du tumulte de la ville, ni les promenades philosophiques qu'offriroit aux hommes sensibles cet élisée national. Nous devons vous dire seulement que l'immensité du terrain qui environne l'édifice, sollicite de votre économie même une telle disposition, & que le jardin contigu de l'ancienne abbaye semble encore devoir concourir à l'augmentation & à l'embellissement du projet que nous vous présentons.

Des usages habituels auxquels cet édifice pourroit servir.

Avant de passer au détail de toutes les mesures actives propres à réaliser ce projet, & à établir dans la confection de notre édifice un ordre de travail qui accélère la jouissance du public, il est encore une mesure de convenance morale que nous avons cru devoir vous présenter, quoiqu'elle soit moins du ressort de notre travail.

Après avoir mis, par l'activité de tous les moyens qui sont en votre pouvoir, l'édifice confié à vos soins en état de répondre à la destination que lui a assignée l'Assemblée Nationale, il nous semble qu'il resteroit encore quelque chose à faire, & que vous ſeuls pouvez le faire : ce ſeroit d'attacher à cette deſtination, en quelque ſorte paſſive du monument, un emploi plus actif, un cours d'uſages habituels, de cérémonies civiques dans leſquelles les ſentimens des vivans ſe renforceroient des exemples des morts, & qui établiroit entre les leçons des uns, & l'émulation des autres, ce concert d'inſtitutions & de pratiques qui, par l'entremiſe des ſens, élève l'âme à l'imitation de tout ce qui eſt beau. Nous ne vous parlerons point des fêtes civiques où l'art du chant & la pompe des cérémonies conſacreroient des hommages périodiques à la mémoire des grands hommes. Peut-être laiſſerez-vous à l'inſtinct ſpontané du ſentiment le ſoin de fonder des uſages que la loi commande toujours mal, parce qu'ils ne veulent point être commandés, & dont l'enthouſiaſme eſt ſouvent le meilleur ordonnateur.

Mais en attendant que l'habitude ait réglé & ſanctionné par des formes & des rites ſolennels, l'ouvrage du ſentiment, ne ſemble-t-il pas que ce grand édifice reprocheroit à l'adminiſtration le vide de ſa deſtination habituelle, ſi ſon enceinte, long-temps ſolitaire, ne s'ouvroit qu'à la curioſité des admirateurs de l'art qui l'auroit formé ? Ne ſeroit-il pas poſſible que l'aſyle des hommes qui ont bien ſervi la patrie, devînt le chef-lieu de l'auguſte cérémonie qui impoſe à tous les citoyens l'obligation de la ſervir ? Pourquoi n'élèveroit-on pas au centre de la coupole, un autel à la Patrie, où ſe prêteroit ſolennellement le ſerment de tous ceux qu'une fonction quelconque oblige à cet engagement ?

Pourquoi cet oratoire des grands hommes ne ſeroit-il pas excluſivement conſacré aux harangues funèbres des citoyens que leurs vertus rendroient digne de cet honneur ?

Pourquoi n'en feroit-on pas choix pour décerner les récompenſes de tous genres, les prix de vertu, de patriotiſme, de dévouement au bien public ?

Pourquoi n'affecteroit-on pas ſpécialement cette galerie d'honneur & de vertu à ces diſtributions annuelles des prix fondés pour l'encouragement des études & de la jeuneſſe ? Et quel lieu plus propre à exciter les jeunes gens à l'amour de la Patrie & des belles choſes, que celui où, aſſociés en quelque ſorte d'avance, aux grands hommes qui les environneroient, ils prendroient ſous leurs yeux, l'engagement de les imiter, & apprendroient à connoître déjà la Patrie par ſes bienfaits.

Nous ne faiſons, Meſſieurs, que propoſer à la ſagacité de de votre patriotiſme ces eſſais d'inſtitutions civiques; que vous ſeuls pouvez dignement ordonner & coordonner à l'édifice qui attend de vous ſa perfection phyſique & morale. Nous n'inſiſtons ſur la néceſſité de ces fondations civiques, que parce que nous ſavons combien il importe d'éviter à la critique le rapprochement de la dépenſe énorme d'un monument, avec l'eſpèce de nullité d'emploi habituel auquel il ſe trouveroit long-temps condamné, & parce que nous ſavons encore combien de nobles inſtitutions réfléchiſſent en quelque ſorte d'éclat ſur les édifices, en ajoutant à l'opinion de leur beauté, celle des uſages auxquels ils ſervent.

Ainſi, c'eſt l'intérêt du monument, & c'eſt encore celui de votre adminiſtration que nous prenons en cet inſtant.

CHAPITRE II.

Moyens d'exécution.

Il reſte maintenant à vous propoſer les meſures actives propres à réaliſer l'exécution de ce que nous n'avons fait que vous décrire.

Il y a, Messieurs, dans la manière d'exécuter les monumens publics deux partis à prendre également ſuſceptibles d'inconvéniens.

L'un conſiſte à terminer, avant tout, la conſtruction de l'édifice & à remettre l'exécution de ſa décoration comme un acceſſoire indépendant après la termination du néceſſaire.

L'autre, à faire marcher de pair ces deux genres de travaux & à donner même souvent la priorité à la décoration dans l'ordre des dépenses & des ouvrages.

L'inconvénient du premier parti est sensible dans un grand nombre de nos monumens sacrés, restés imparfaits quant à la partie de la décoration. Dès l'instant que l'objet essentiel de leur destination a pu être rempli, le peuple devenu insensible, & familiarisé par l'habitude à leur imperfection, a cessé de s'intéresser à leur achèvement, les fonds qui leur étoient destinés ont pris de nouvelles routes, & le monument incomplet accusant en vain l'infidélité ou l'inconstance de ses auteurs, dépose contre le caractère & le goût du peuple.

L'architecte de l'édifice (dit de Sainte - Geneviève), prit toute les mesures propres à éviter cet inconvénient, l'extérieur étoit fini dans les moindres détails d'ornemens que la construction intérieure, celle même de la coupole n'étoit ni achevée, ni même commencée. Cette manière de faire jouir graduellement le public de chaque partie complette, a aussi l'inconvénient de reculer beaucoup trop sa jouissance définitive, les générations se succèdent en se léguant les unes aux autres l'espoir incertain de voir la fin d'un monument.

Nous touchons au moment de recueillir l'héritage de nos prédécesseurs, & il n'y a pas de doute qu'avec des fonds suffisans, en moins de deux années notre monument pourroit recevoir le complément de son exécution.

Mais sa nouvelle destination augmentera d'autant plus l'impatience du public. Il faut enfin que cette belle institution se réalise aux yeux du peuple, & tout retard est dangereux en fait de projets dictés par l'enthousiasme. Il n'est souvent qu'un moment pour le génie, il faut le saisir, il faut prévenir le retour du calcul & de la froide réflexion.

Nous voudrions donc que dans le cours d'une année le

monument des grands hommes pût recevoir sa dédicace solennelle, pût remplir déjà l'objet de sa nouvelle destination.

A cet effet, nous avons divisé en trois parties bien distinctes l'ordre des travaux dont le cours pourroit se régler selon leur plus ou moins indispensable nécessité, & se graduer sur le besoin de jouir promptement de l'édifice.

Le premier cours est celui des travaux nécessaires, quelle qu'eût pu être la destination de l'édifice. Il se divise en deux parties; celle de construction & celle d'ornement. La partie de construction comprendroit les ragrémens du perron, le pavement du péristyle, la confection des portes & des vitreaux, le pavement de l'intérieur de l'édifice, les rampes d'escaliers; le pavement, le ragrément & la clôture de la partie souterraine, ainsi que le nivellement & le pavement du terrain extérieur. La partie d'ornement comprendra le fusellement des colonnes intérieures, le ragrément des voûtes, la taille de tous les ornemens dans tous les profils & moulures des parties essentielles de l'architecture, ainsi que des autres détails dont la symétrie exige la répétition dans les parties imparfaites du monument, le fusellement des colonnes du dôme, la sculpture des chapiteaux & celle des plafonds des plate-bandes.

Le second cours est celui des travaux nécessités impérieusement par le changement de destination qu'a éprouvé l'édifice. Il se diviseroit aussi en objets relatifs à la décoration & travaux de construction. La première partie comprendroit le remplacement indispensable de tous les bas reliefs extérieurs, dont tous les sujets, comme on l'a vu, seroient à l'avenir des hors-d'œuvres ridicules & des contre-sens insoutenables; le remplacement de la lanterne & de sa croix par une allégorie caractéristique au nouvel emploi; la suppression des détails extérieurs, incompatibles avec son usage interne. Les travaux pratiques de construction consisteroient dans les échafaudages qu'exigeroient ces changemens dans le ravalement des pierres, dans le rapport à faire de celles qu'il faudroit restituer au ciseau de la sculpture.

Nous plaçons au troisième ordre de travaux ceux de la sculpture en figures, & qui comprendroient le développement d'un nouveau motif d'allégorie dans l'intérieur des voûtes, ainsi que dans la décoration peinte de la coupole. Plus d'un motif nous engage à placer de la sorte ce cours de travaux.

1.° Parce que dans toute espèce d'hypothèse ces travaux pourroient retarder le prompt emploi du monument & la jouissance du public.

2.° Parce que l'édifice terminé & dégagé de son échafaudage, rien n'empêchera que l'on ne puisse faire des échafauds volans pour l'exécution de ces parties.

3.° Parce qu'aux yeux des gens de goût, l'harmonie de décoration dans les voûtes en question devant s'opérer plutôt par suppression que par addition, l'opinion publique prononceroit bien plus sûrement par la comparaison des voûtes ornées de figures, avec celles qui n'en auroient point, la mesure & le mode de décoration convenable.

Au reste, cet ordre de travaux, nous ne vous le présentons que comme un système à suivre dans le cas où les fonds ne suffiroient pas pour faire marcher de front & ensemble toutes les parties de l'édifice. Il est clair que le nécessaire doit aller avant l'utile, & l'utile avant l'agréable. Telle est la méthode sur laquelle nous avons réglé l'ordre à suivre dans les travaux, en proportion des fonds.

Organisation & régime du bâtiment.

La bonne organisation dans toutes les parties relatives à notre monument se divise en deux parties, dont la correspondance est naturelle, mais que nous divisons pour mettre plus de clarté dans nos idées. De ces deux parties, l'une est l'administration active, ou celle qui établira une graduation de pouvoir & de surveillance dans l'exécution matérielle de tous les ouvrages &

de tous les plans arrêtés ; l'autre, l'adminiſtration relative à l'emploi des deniers, à la comptabilité des divers agens, & un contrôle qui doit exiſter dans les dépenſes & la forme des payemens.

La première de toutes les conditions, pour parvenir à mettre de l'harmonie dans la première eſpèce d'adminiſtration que l'on appelle exécutive, eſt d'établir un point de centre auquel viendroient aboutir, par une échelle fort ſimplifiée d'agens ſubalternes, toutes les opérations, toutes les dépenſes, tous les états de travaux, toute l'action de la ſurveillance, de telle ſorte qu'en grand comme en petit, rien ne puiſſe ſe faire & s'exécuter que d'après les projets arrêtés & l'approbation donnée par celui qu'on auroit placé au centre de l'exécution, & qui répondroit à l'adminiſtration ſupérieure. Sans cette meſure, le Directoire, toujours diſtrait par de plus grandes affaires, le plus ſouvent inhabile à apprécier cette foule d'abus qui attaquent l'enſemble des opérations, ſeroit toujours dans l'alternative d'une inaction funeſte, ou d'une action haſardée.

Ce premier rouage en feroit mouvoir deux autres, c'eſt-à-dire deux agens ſecondaires, chargés directement de l'inſpection & de la conduite des détails de l'édifice.

Les différens ouvrages qui reſtent à faire pour le terminer, leur importance, la perfection & la célérité qu'on veut mettre à leur exécution, exigent néceſſairement le concours d'un grand nombre d'ouvriers & d'artiſtes. Cette diviſion toute ſimple indique la nature & la diverſité de ces deux inſpecteurs. L'un ſeroit à la tête des ouvriers, l'autre ſeroit le chef des artiſtes.

Le premier auroit dans ſon reſſort l'inſpection ſur tous les entrepreneurs de maçonnerie, de charpente, de ſerrurerie, de menuiſerie, ſur la bonne qualité des matériaux & leur emploi ; il ſeroit chargé de la partie ſi eſſentielle de l'échafaudage, du nivellement des terrains, du pavement de l'édifice, & généralement de tous les détails qui séparent ordinairement la partie pratique de l'art d'avec celle du goût. Ce chef ou inspecteur auroit un sous-inspecteur chargé de la surveillance plus minutieuse de tous les détails, qui dans un si grand ensemble échappent toujours à la vigilance d'un seul homme.

Le second auroit dans son département la partie des dessins à faire pour tous les ornemens à changer ou à remplacer, d'après les plans arrêtés, la surveillance générale de la décoration & de l'ornement. Il seroit également nécessaire de placer sous lui un surveillant plus immédiat de l'exécution de l'ornement; il devroit se prendre parmi les sculpteurs de ce genre, & parmi les plus habiles. De cette inspection journalière & indépendante de ceux sur qui elle doit s'exercer, résultera la seule garantie qu'on puisse raisonnablement attendre de la perfection des ouvrages.

Il seroit nécessaire en outre de placer un autre agent sous le titre de vérificateur, qui seroit chargé de tenir, conjointement avec les deux inspecteurs, un état des ouvrages & des dépenses à faire chaque mois, afin qu'en tout tems l'administration puisse connoître les dépenses & les ouvrages faits & à faire.

La seconde fonction du vérificateur fait partie de l'administration du régime de l'édifice dans son rapport avec la comptabilité & l'emploi des deniers. Il devroit tenir un registre exact de tout ce qui se seroit fait & fourni chaque jour par les artistes & les entrepreneurs; il en feroit un relevé par mois, qui devroit être certifié par les deux inspecteurs. Ces états ainsi certifiés & signés de lui, seroient remis au chef supérieur, qui les présenteroit au bureau de l'administration chargé de cette partie.

Les dépenses des entrepreneurs étant connues & constatées par l'arrangement qu'on vient de proposer, on leur alloueroit un bénéfice de dix à douze pour cent : ainsi il n'y auroit point besoin de règlement. On éviteroit par-là l'opération infiniment laborieuse de de débrouiller dans des mémoires souvent, déguisés par une foule d'usages & de subtilités, la véritable valeur des ouvrages.

D'après les états signés, comme on l'a dit plus haut, on délivreroit à chaque entrepreneur une ordonnance du montant pour lequel il seroit porté sur l'état; une ordonnance pour les sculpteurs, au nom de leur chef, & une autre pour les ouvriers au nom du leur. L'un & l'autre de ces chefs seroient chargés de payer ceux qui travailleroient sous eux. Il seroit retenu aux entrepreneurs, ainsi qu'à ces chefs ou inspecteurs, un mois en arrière pour leur responsabilité.

Quant au moteur premier de toute industrie, d'où dépend la prompte & bonne exécution de notre monument, il n'appartient qu'à vous, Messieurs, de lui redonner toute son activité. Le Directoire chargé de faire terminer l'édifice, doit se procurer les moyens d'y parvenir. Le plus efficace sans doute, est d'obtenir le prompt payement des sommes que la nation doit acquitter pour accomplir le vœu de la reconnoissance.

Vous avez vu que l'édifice fut doté d'une somme de 365 mille livres pour sa construction. En 1780, un calcul des dépenses qui restoient à faire, des intérêts à payer de ce qui étoit dû aux entrepreneurs, fit voir que pour subvenir à tous ces frais, la somme annuelle se réduisoit à 210,000 livres; d'où il résultoit alors qu'il auroit fallu quarante-quatre ans pour parvenir à l'achèvement de l'édifice.

Le lointain de cette perspective fit chercher les moyens d'en rapprocher le point de vue. Le projet d'emprunt fut approuvé par le Roi en 1783, & autorisé par Lettres-patentes enregistrées en 1784. Depuis cette époque jusqu'à 1790, il fut employé une somme annuelle plus ou moins forte; mais qui, déduction faite de tous les intérêts & de l'extinction de la dette des entrepreneurs, devoit être de 559,123 liv.

Différentes causes ont diminué sensiblement l'emprunt, & enfin il a cessé d'avoir lieu en 1790.

Reste donc à l'édifice la somme de dotation, qui est de 365 mille livres; mais grevée de 60 mille livres d'intérêt, dûs aux vendeurs de terrains & de maisons, & de 95 mille livres pour intérêt de l'emprunt, ce qui réduit la somme disponible à celle de 210 mille liv.

Il est dû, en outre, aux entrepreneurs une somme de 120 mille livres, dont l'extinction graduelle, si elle étoit prise sur ce restant de fonds, absorberoit pour plusieurs années la somme applicable à l'édifice, & reculeroit à une époque indéfinissable sa terminaison.

Nous croyons donc que le directoire devroit faire trois opérations :

La première, consisteroit à faire régler & arrêter les mémoires arriérés de tous les entrepreneurs, à dater de l'époque où commencera le nouvel ordre de choses, & à les renvoyer au comité de liquidation pour être payés.

La seconde, consisteroit à transporter à la masse générale des créanciers de la nation les sommes dues, tant pour intérêt des maisons & terrains vendus, que pour l'intérêt de ceux qui ont mis des fonds dans l'emprunt. Par ce moyen, la somme de 365 mille liv. resteroit quitte & nette de toutes charges.

La troisième opération, d'après le calcul des dépenses qui restent à faire, & dont le détail terminera ce rapport, consisteroit à prier l'Assemblée Nationale de fixer les fonds affectés aux travaux de Sainte-Geneviève par le Décret du 16 juin 1791, à la somme de 500 mille livres par an, pour hâter l'ouvrage & accélérer la jouissance du public. Le trésor national, d'après l'état arrêté des dépenses futures, pourroit, en une année, avancer la somme de deux, ou bien l'on pourroit déléguer le montant de la somme annuelle pendant un nombre d'années proportionné à la somme totale, à une compagnie qui se chargeroit de faire les avances.

Les mesures que nous venons de vous proposer, doivent être l'effet d'un plan arrêté & de la connoissance bien positive des dépenses futures. C'est à ce dessein que nous allons mettre sous vos yeux l'état des ouvrages & des dépenses à faire selon l'ordre de travail que nous vous avons indiqué, & qui consiste dans la graduation naturelle de ce qui est nécessaire pour finir l'édifice, quelle que soit sa destination, de ce qui est indispensable à changer pour la destination nouvelle. Cet exposé sera suivi d'un tableau comparatif des dépenses qu'entraînoit l'ancienne destination, avec celles qu'exigera la nouvelle; & vous verrez, Messieurs, que le changement de destination produira près d'un million d'économie.

ÉTAT des dépenses & ouvrages indispensables pour finir l'Édifice, quel que soit son usage.

Au péristyle.

LES quatre massifs du perron & les ragrémens........	10000tt.
Le pavé en granit des Vôges de Lorraine, qui est commandé depuis 1788, contenant 106 toises ½, à 550tt la toise....................................	58575.
Les portes en menuiserie avec leurs ferrures & ornemens.	15000.
TOTAL des dépenses à faire au portail.....	83575.

Nef d'entrée.

Les marches en pierre de liais, & le pavé en marbre...	95220.

Nef septentrionale.

Dans la nef ſeptentrionale, il reſte à fuſeler quatre colonnes en pierre dure	2000.#
Quatorze colonnes iſolées, & vingt-deux engagées avec les raccordemens & échafauds	22000.
Les ſix portes en menuiſerie & leur ferrure	10800.
Le vitrage des croiſées & vitraux	6672.
Les cadres dorés & roſaces en or moulu	72000.
Les deux perrons ſur la rue Saint-Étienne	8000.
192 toiſes de pavé en marbre	69120.
TOTAL pour la nef ſeptentrionale	190592.

Nef méridionale.

Douze colonnes à fuſeler, compris échafauds	12000.
Quatre colonnes iſolées & vingt-deux engagées à canneler, & les raccordemens	22000.
Ragrémens des voûtes & de toutes les parties environnantes, ſont un objet de	25000.
Les ſculptures d'ornement	32000.
Les vitraux en fer	28533.
Les rampes d'eſcalier	3400.
Le vitrage des croiſées & vitraux	6672.
Les cadres dorés & roſaces en or moulu	72000.
Les portes en menuiſerie & leur ferrure	10800.
Le pavé en marbre	69120.
Les deux perrons du côté de l'eſtrapade	8000.
TOTAL de la nef méridionale	289525.

Nef du fond.

Deux colonnes à fuſeler	2000.
Douze colonnes & vingt-ſix, tant demi-colonnes que pilaſtres à canneler	22000.
	24000.

Ci contre.............	24000.ᵗᵗ
Le ragrément des voûtes & de toutes les parties environnantes..............................	35000.
Sculpture d'ornement..........................	42000.
Vitraux en fer...............................	20416.
Vitrage & cadres dorés en or moulu avec les rosaces....	82400.
Portes en menuiserie & ferrure..................	7200.
Pavé en marbre..............................	72000.
Voûtes & ravalement des pièces au bas des tours.....	8680.
TOTAL de la nef du fond.......	291696.

Dôme.

4495 toises superficielles de tailles sur le tas pour les ragrémens dont 2816 en pierre dure, & le surplus en pierre tendre, font avec les échaufds nécessaires, un objet de..............................	87732.
48 chapiteaux à sculpter, 192 rosaces & 6713 pieds d'ornement, tant en pierre dure qu'en pierre tendre...	50242.
Pavé 112 toises à 360ᵗᵗ.....................	40320.
Les vitraux en fer de la tour du dôme, & ceux de l'attique.	37268.
La vitrerie..................................	7240.
TOTAL du dôme......	222802.

Église Basse.

Ragrément..................................	22800.
Pavé en dalles de liais........................	11250.
Neuf vitraux................................	5130.
Portes......................................	450.
TOTAL de l'Église basse...............	39630.

Ouvrages extérieurs.

5183 toises de pavé pour les rues & la place adjacentes, à 30 livres..............................	155490.

RÉCAPITULATION des dépenses indispensables pour finir l'édifice, quelle que soit sa destination.

1.° Pour le portail	83575.
2.° Pour la nef d'entrée	95220.
3.° Pour la nef septentrionale	190592.
4.° Pour la nef méridionale	289525.
5.° Pour la nef du fond	291696.
6.° Pour le dôme	222802.
7.° Pour l'Église basse	39630.
8.° Pour ouvrages extérieurs	155490.
TOTAL	1368530.

ÉTAT des dépenses à faire pour terminer l'édifice selon son ancienne destination.

1.° Pour le pavé intérieur, en granit au lieu d'être en marbre.	181070.
2.° Pour huit chapelles	82600.
3.° Pour le maître-autel & le chœur	268000.
4.° Pour la chasse	130000.
5.° Pour la peinture de l'apothéose de la Sainte	40000.
6.° Pour les bas-reliefs des deux voûtes à terminer	117000.
7.° Pour les orgues	36000.
8.° Les sacristies & dépendances	336000.
9.° Pour le piedouche, la boule & la croix dorés	30000.
10.° Pour le béfroi, transport & refonte des cloches dans les tours	64000.
TOTAL	1,284,670.
Dépenses indispensables ci-dessus	1,368,530.
TOTAL GÉNÉRAL	2,653,200.

ÉTAT des dépenses à faire pour opérer dans l'édifice les changemens que nécessitera la destination nouvelle.

AU PORTAIL.

Le ravalement de la sculpture qui est dans le tympan du fronton, la fourniture, taille & pose des masses à rapporter pour le nouveau bas-relief, & les échafauds à faire à ce sujet	3200.
Le ravalement de la frise, fourniture & pose des dalles en pierre dure pour recevoir les lettres de l'inscription. . . .	2450.
Trente-sept lettres de cuivre doré, de 18 pouces de hauteur.	11470.
Le ravalement de cinq bas-reliefs & guirlandes.	640.
Les nouveaux bas-reliefs à faire, compris le fronton.	35000.
La clôture des deux portes collatérales & les tables à graver, équivalent aux portes de menuiserie, pour dépenses. . . .	0000.
TOTAL.	52760.

Nef d'entrée.

Le ravalement des figures des voûtes, la fourniture des pierres à restituer dans les lunettes & pendentifs, les échafaudages.	15000.
La sculpture des figures.	62000.
TOTAL.	77000.

Nef septentrionale.

Les grands échafauds de cette nef subsistant encore, on porte les changemens & ravalement à	10000.
La sculpture des figures.	45000.
TOTAL.	55000.

Nef méridionale.

La sculpture des figures.	45000.

Nef du fond.

La ſculpture des figures.	72000.

Dôme.

Statue à mettre ſur le piédeſtal de la lanterne à la place de la boule & de la croix, & ſuppreſſion de la lanterne.	34000.
Au milieu du dôme, l'autel de la patrie en granit élevé de trois marches.	20000.
La peinture dans la ſeconde voûte du dôme.	40000.
TOTAL.	94000.

RÉCAPITULATION des dépenſes à faire pour opérer dans l'édifice les changemens que néceſſitera la deſtination nouvelle.

1.° Au portail.	52760.
2.° Nef d'entrée.	77000.
3.° Nef ſeptentrionale.	55000.
4.° Nef méridionale.	45000.
5.° Nef du fond.	72000.
6.° Dôme.	94000.
TOTAL.	395760.
A quoi ajoutant la ſomme des dépenſes indiſpenſables.	1368530.
TOTAL GÉNÉRAL.	1,764,290.

RÉSULTAT COMPARATIF des dépenſes à faire pour terminer l'édifice ſelon ſa deſtination nouvelle, avec celles à faire pour le finir ſelon ſa première deſtination.

SAVOIR;

La ſomme totale pour finir l'édifice ſelon ſa première deſtination, eſt de.	2,653,200.
Et pour la deſtination nouvelle.	1,764,290.
Partant il reſte une économie de.	888910.

PROJET

PROJET D'ARRÊTÉ.

Le directoire du département, considérant qu'en vertu du Décret de l'Assemblée Nationale, il doit prendre les mesures les plus actives pour accomplir, par l'achèvement de l'édifice consacré aux grands hommes, le vœu solemnel d'une nation impatiente d'acquitter envers ses bienfaiteurs la dette la plus sacrée de sa reconnoissance.

Après s'être fait rendre compte par les Commissaires de l'instruction publique, de l'état actuel du monument (dit la nouvelle Sainte Geneviève) de ses travaux, des fonds sur lesquels ils sont payés, des changemens & modifications commandés par sa nouvelle destination, des dépenses faites, de celles qui resteroient à faire, des mesures administratives propres à établir dans la direction des ouvrages, la subordination, sans laquelle il n'existe point d'harmonie, la surveillance qui garantit la bonne exécution, & l'ordre, principe de toute économie :

Ouï le Procureur-général-syndic, arrête ce qui suit.

1.° L'édifice, dit *la nouvelle Sainte Geneviève*, sera exclusivement consacré aux usages civiques décrétés par l'Assemblée Nationale, sans aucun mélange de culte ni de cérémonies religieuses.

2.° Il sera pourvu incessamment au choix d'un édifice sacré propre à recevoir la chasse de Sainte-Geneviève & la dévotion dont elle est l'objet.

3.° L'édifice, ci-devant de Sainte-Geneviève, sera appelé le MONUMENT DES GRANDS HOMMES, & cette inscription sera placée au-dessus de la porte d'entrée.

4.° Il sera procédé, le plus promptement possible, aux dessins & plans de tous les changemens tant de construction que de décoration propres à caractériser la nouvelle destination de l'édifice & à remplir son principal objet, ainsi qu'à l'état spéculatif le plus exact de toutes les dépenses nécessaires à son achèvement.

5.° Le monument en question étant, par la nature de son emploi, un monument national dont la dépense doit être à la charge du trésor public, l'Assemblée Nationale sera priée d'autoriser le directoire à nommer des vérificateurs qui régleront les mémoires de tous les entrepreneurs auxquels il est dû, arrêteront toute la dette arriérée, pour être, lesdits mémoires ainsi réglés & vérifiés, renvoyés au comité de liquidation.

6.° L'Assemblée Nationale sera priée de faire acquiter toutes les créances, tant celles qui proviennent de la vente des maisons & des terrains vendus pour former l'emplacement de l'édifice, que celles qui sont fondées sur l'emprunt de 1784, comme celles de la nation & de la même manière.

7.° D'après l'état spéculatif des dépenses qui restent à faire, l'Assemblée Nationale sera priée d'affecter une somme de 500,000 livres par chaque année, laquelle sera payée par mois en payemens égaux selon les formes convenues entre le directoire du département & le trésor national.

8.° Il sera nommé par le directoire, pour la conduite des plans arrêtés, pour la surveillance des travaux & la gestion générale du monument, un chef principal ou directeur, un inspecteur & un sous-inspecteur des travaux de construction, un inspecteur & un sous-inspecteur des ouvrages de décoration & d'ornement, & un vérificateur, tous subordonnés dans leurs fonctions respectives à l'administration du directoire.

Signés QUATREMERE QUINCY-GALLOIS, DUPUIS, LA CRETELLE, *Commissaires pour l'instruction publique.*

www.ingramcontent.com/pod-product-compliance
Ingram Content Group UK Ltd.
Pitfield, Milton Keynes, MK11 3LW, UK
UKHW031952260826
14628UKWH00005B/2010

9 782019 315108